RÉFUTATION

DES ERREURS

DE M. LE VICOMTE DE CHATEAUBRIANT.

[illegible] DE MADAME V^{e}. PERRONNEAU,
QUAI DES AUGUSTINS, N°. 39

RÉFUTATION

DES ERREURS

DE M. LE VICOMTE DE CHATEAUBRIANT.

DE LA CHARTE

CONSTITUTIONNELLE;

De la Représentation Nationale;
De la Nature du Pouvoir des deux Chambres;
De l'Initiative;
De la Prérogative Royale;
Et de la Responsabilité des Ministres.

Par L.-C.-H. MARMET,

ancien avocat du Roi au bailliage et siège présidial de Salins (Jura.)

Les faux systêmes gâtent et perdent tout.
(*De la Monarchie selon la Charte.* Chateaubriant.)

A PARIS,

Chez PLANCHER, libraire, rue Serpente, n°. 14;
Et chez DELAUNAY, libraire, au Palais-Royal, galerie de bois.

1816.

INTRODUCTION.

DE L'OUVRAGE

DE M. LE VICOMTE DE CHATEAUBRIANT,

INTITULÉ :

DE LA MONARCHIE SELON LA CHARTE.

J'ÉTAIS loin de penser, en composant l'écrit que je publie aujourd'hui, qu'il aurait quelque affinité avec celui de M. le vicomte de Châteaubriant, et sur-tout qu'il serait la réfutation des nombreuses et préjudiciables erreurs dans lesquelles il est tombé.

J'étais également bien loin de soupçonner qu'un auteur, qui avait donné tant de preuves d'un profond savoir et d'une haute sagesse, détruirait, en un seul jour, sa brillante réputation par une production qui blesse toutes les convenances, intervertit tous les principes, et appelle au moins le doute sur les véritables intentions d'un illustre personnage auquel on avait cru, jusqu'à cet instant, un inébranlable attachement au Roi et à la Charte.

Le hasard a fait tomber entre mes mains l'ouvrage de M. de Châteaubriant, intitulé : *De la Monarchie selon la Charte.*

Je l'ai lu avec la plus grande attention : j'y ai cherché les principes qu'il a annoncés, et je ne les y ai point trouvés. Par exemple, M. de Châteaubriant dit qu'il ne peut y avoir de monarchie qu'avec la Charte, et c'est au renversement total de la Charte que son ouvrage tend évidemment.

J'y ai cherché les convenances, et je n'en ai trouvé aucunes.

M. de Châteaubriant s'annonce sur un ton positif qui me paraît éloigné de cette modestie timide et respectueuse inséparable du véritable esprit dans lequel on doit être en traitant des matières d'une aussi haute importance.

Cet ouvrage eût été dangereux, si M. de Châteaubriant l'eût publié avant l'ordonnance du 5 septembre, parce qu'il repose sur des principes erronés, que l'auteur en tire des conséquences funestes, qu'il calomnie tout à la fois le Monarque et le peuple, et qu'enfin, il suppose un danger qui n'existe pas pour fournir à son beau zèle l'occasion RÉVOLUTIONNAIRE *de tirer le canon de détresse et d'appeler tout le monde au secours.*

M. de Châteaubriant, comme Pair et comme Ministre d'état, s'est cru suffisamment fondé à faire ce dangereux appel au peuple, tandis qu'en ces qualités, dont il sent parfaitement l'importance, il eût dû concourrir, par son assentiment et son respect, à une mesure salutaire qui a ramené la tranquillité et fait cesser le danger.

Mais non; c'est après la publication de l'ordonnance du 5 septembre que M. de Châteaubriant publie son ouvrage, et ce monument, bien loin d'en être un de sa sagesse, me paraît, au contraire, être un brandon de discorde qu'il a, au moins indiscrètement, lancé entre le Monarque et le peuple.

Une chose qui me paraîtrait impardonnable de la part de M. Châteaubriant, c'est que l'on m'a dit, qu'avant de publier son ouvrage à Paris, il l'avait fait imprimer à Montpellier. Je n'affirme pas le fait; mais, s'il existait, ce serait une véritable provocation à la révolution, en fournissant aux peuples du Midi un moyen de plus d'exaltation, ou, tout au moins, en donnant un prétexte à la résistance.

L'intention de M. de Châteaubriant ne peut être révoquée en doute, et c'est à la simple lecture de son *post scriptum* que je m'en rapporte; il suffit de lire la première phrase pour s'en convaincre : « La Chambre des Députés est dissoute, « dit-il, cela ne m'étonne point; c'est le système « des intérêts révolutionnaires qui marche : je n'ai « donc rien à changer à cet écrit. » Et plus bas : « Dissoudre la seule Chambre qui, depuis 1789,

« ait manifesté des sentimens purement royalistes,
« c'est, à mon avis, une étrange manière de
« sauver la monarchie. »

M. de Châteaubriant n'a sûrement pas réfléchi aux conséquences qui résultent de ces deux assertions.

1°. D'après l'ordonnance par laquelle M. de Châteaubriant a cessé d'être compris au nombre des Ministres d'état, il est évident que celle du 5 septembre est bien un acte de la volonté de S. M. Alors, ce ne sont donc pas les intérêts révolutionnaires qui marchent; autrement ce serait accuser le Roi d'être lui-même *un révolutionnaire;* d'avoir agi contre les intérêts du peuple, qui a trouvé le moyen de finir la révolution dans *la légitimité*, et d'avoir agi contre ses propres intérêts, puisque toute révolution est nécessairement destructive de *la légitimité.*

2°. M. de Châteaubriant prétend que, par l'ordonnance, on a dissout la seule Chambre qui, depuis 1789, ait manifesté des sentimens *purement royalistes.* Il faut bien que le Roi en ait jugé autrement, car il était de son intérêt de conserver un instrument qui tendait à la conservation de son domaine, qui est la monarchie.

Je ne crois pas que M. de Châteaubriant puisse se flatter, malgré ses grands talens, de voir mieux dans les intérêts de la monarchie que le Monarque lui-même ; et, sur-tout, je ne crois pas qu'il y puisse voir mieux que tout un peuple justement alarmé par les entreprises d'une Chambre qui a fait tout ce qui était en elle, peut-être sans le vouloir, pour amener la dissolution de la monarchie, seule espérance du peuple.

L'ouvrage de M. de Châteaubriant est d'autant plus dangereux, que l'auteur renonçant au système qu'il s'était fait d'un style tout-à-fait nouveau, et quelquefois incompréhensible à force de *brillanté*, a écrit dans une langue tout-à-fait *populaire*, sans doute, dans l'intention de multiplier ses adeptes.

Tous ces inconvéniens, auxquels la pétulance de M. de Châteaubriant ne lui a pas permis de penser, se font bien plus sentir encore lorsque l'on examine ses principes et les conséquences qu'il en tire.

On sentira facilement qu'en pareille matière, si je m'écartais un instant de la Charte constitutionnelle, je commettrais la même faute que M. de Châteaubriant, et que, par conséquent, ce serait encourir les mêmes reproches; c'est donc d'après la Charte que je vais raisonner.

M. de Châteaubriant prétend que notre Gouvernement est *représentatif*, tandis qu'il n'y existe et n'y a jamais existé de gouvernement représentatif, pas même ceux de l'Angleterre et du royaume du Pays-Bas, qu'il prend pour ses termes de comparaison. Je crois l'avoir démontré dans le développement de cette opinion qui est à la suite de cette Introduction, et je mets au défi M. de Châteaubriant, de me donner une définition assez claire du *gouvernement représentatif* pour que je puisse croire à la possibilité de son existence. D'ailleurs, il aurait dû se souvenir que M. l'abbé de Montesquiou avait dit positivement à la Chambre des Pairs qu'il n'était jamais entré dans l'intention du Roi, ni dans celle de ceux qu'il avait appelés pour lui proposer la rédaction de la Charte d'établir un gouvernement représentatif. Je suis autorisé à avancer ce fait, et j'en appelle à la mémoire et à la conscience de tous les membres composant la Chambre des Pairs pour le *certiorer*.

Je ne sais pas ensuite ce que M. de Châteaubriant a entendu par *monarchie représentative*. Jusqu'à ce qu'il l'ait expliqué, ou seulement que quelqu'un ait pu le comprendre, je croirai que, dans cette circonstance, comme dans mille autres, il a mis à côté l'un de l'autre deux mots incompatibles, sans s'embarrasser de leur divergence.

La Charte refuse textuellement l'initiative de

la loi aux Chambres : elle leur permet seulement de *supplier* le Roi de proposer une loi sur telle ou telle matière.

M. de Châteaubriant veut qu'on la donne aux Chambres, et il prétend (page 26) que l'initiative donnée au Roi est *anti-monarchique*. Cette erreur de sa part vient d'abord de ce qu'il confond absolument les mots. Il appelle le droit que la Charte assure au Roi, *une prérogative ;* ensuite, il fait consister cette prérogative non-seulement dans la faculté, mais encore dans l'obligation pour le Roi de ne rien faire ; et il va si loin dans le développement de ce singulier système, qu'il prétend que, quand même le Roi s'apercevrait que son ministre se trompe, il doit le laisser agir, parce qu'il est responsable. La conséquence, suivant M. Châteaubriant, est que *le ministre agit, fait une faute, tombe, et le Roi change son ministère.*

M. de Châteaubriant convient que l'initiative des Chambres peut entraîner des inconvéniens, et il cite l'Assemblée constituante ; mais il prétend que les choses ne sont plus les mêmes, parce que la révolution est finie : je demande si ce n'est pas la recommencer que de donner aux conseils du Prince le pouvoir d'entraver la marche du gouvernement par la tendance nécessaire qu'ils ont à augmenter continuellement leur importance et leur autorité.

Il est vrai que M. de Châteaubriant consent à laisser au Roi une portion de l'initiative, mais seulement dans les circonstances bien *éclatantes* et bien *populaires*.

Je prierais le brillant auteur de cette distinction, de me dire quelles sont les autres circonstances dans lesquelles on peut faire la loi, et alors je lui passerai la futilité de sa distinction. C'est, dit-il, pour rejeter sur les Chambres *tout l'odieux des lois rigoureuses*.

Je ne connais d'autre loi rigoureuse que celle sur l'impôt. Or, comme M. de Châteaubriant ne veut pas que les Chambres fassent le budget, mais seulement qu'elles l'acceptent ou le refusent, en voulant ôter au Monarque l'odieux de la loi, il l'en charge.

Ces inconséquences suffisent pour faire apprécier le système de M. de Châteaubriant sur l'initiative. J'ai traité de cette matière plus au long ci-après.

Rien n'est plus étonnant que les nombreux chapitres que M. de Châteaubriant consacre à ses diatribes sur le ministère, et, en particulier, sur celui de la police générale.

Je serais presque tenté d'être du même avis

que M. de Châteaubriant relativement à la négligence que l'on pourrait reprocher aux agens de la police, puisque son ouvrage circule, quoiqu'il ait été saisi, et qu'ils n'out point averti le chef de ce ministère de l'édition que l'onprétend en avoir été faite à Montpellier.

Mais de ce que des agens sont inattentifs ou infidèles, de ce que la police générale peut, en oubliant tous ses devoirs et en abusant de tous ses moyens, concourir au succès d'une conspiration, conclure aux inconvéniens de son existence et à la nécessité de la supprimer, ne serait-ce pas manifester un trop grand besoin de s'y soustraire ?

Je crois mon raisonnement beaucoup mieux dans les règles du syllogisme, que celui de M. de Châteaubriant.

Il prétend ensuite qu'il faut beaucoup de ministres, et au lieu de tirer les raisons de son système de l'utilité de la chose publique, il les trouve dans la nécessité de contenter beaucoup d'ambitions; et ici, plusieurs de mes concitoyens ont cru voir le *bout de l'oreille.*

M. de Châteaubriant prétend que le ministre doit sortir de la majorité des Chambres; que les ministres doivent essentiellement faire partie des Chambres, et la raison qu'il en donne est sans réplique : c'est qu'alors, dit-il, ils acquerreront une véritable influence sur leurs collègues, s'assureront de la majorité, et pourront mener à leur gré les Chambres.

Cependant M. de Châteaubriant veut que les ministres soient responsables et soient sous l'entière dépendance des Chambres. Comment concilier de pareilles contradictions, à moins que M. de Châteaubriant n'ait reçu d'en haut le grand secret de la réunion des incompatibles ?

Mais il est une chose bien plus merveilleuse encore, c'est que dans la composition des qualités éminentes que doit réunir un ministre, la principale est *la conversation;* car, dit M. de Châteaubriant, il fait bien plutôt des affaires dans *son salon* que dans *son cabinet.*

M. de Châteaubriant a calomnié le Roi, puisqu'il a osé supposer qu'un acte de sa volonté et de sa sagesse, désiré par le peuple, qu'il a seul rassuré sur ses appréhensions, était dans les intérêts RÉVOLUTIONNAIRES.

Il a calomnié le peuple, puisqu'il a pu supposer qu'il existait un seul Français, méconnaissant assez ses intérêts et ses devoirs, pour élever le moindre doute sur la légitimité, et former des vœux coupables contre le Monarque et son auguste famille.

Il a calomnié les Corps électoranx, en indiquant, d'une manière d'autant plus perfide qu'elle est indirecte, qu'ils seraient capables d'atténuer l'efficacité de l'ordonnance du 5 septembre, en affectant de nommer des députés fauteurs du système subvertif de l'ancienne Chambre.

Je ne dirai qu'une seule chose sur le style de M. de Châteaubriant, c'est que j'y ai remarqué une phrase que je n'ai pu me faire expliquer par personne; elle est ainsi conçue : *et les obstacles, qui n'existaient pas, s'évanouissent.*

RISUM TENEATIS?

Je ne m'étendrai pas davantage pour le moment (1) sur l'étrange production de M. le vicomte de Châteaubriant. Il me suffira, je pense, d'avoir signalé ses principaux points d'inconséquence et d'absurdité, pour le faire tomber dans un juste et profond mépris, seul sentiment dont il soit digne.

---

(1) Que M. de Châteaubriant ne s'en croie pas quitte. Nous avons à le reprendre par le détail ; à lui dire deux mots de certains paradoxes que nous avons remarqués dans son ouvrage ; à examiner son systême sur l'opinion publique, sur la liberté de la presse, sur les substitutions, et sur le retrait lignager, etc. Qui sait ! peut-être un jour....

Je n'ajouterai qu'un mot, et qui ne s'adresse point à M. de Châteaubriant, Pair de France et ci-devant Ministre d'Etat, mais à tout homme qui serait tenté de propager une semblable doctrine, et je lui dirais : « Si vous êtes bien persuadé de « ce que vous avez dit, vous êtes *un factieux ;* « si vous n'en avez pas senti toutes les consé- « quences, vous êtes *un fou.* »

RÉFUTATION

DES ERREURS

DE M. LE VICOMTE DE CHATEAUBRIANT.

DE LA CHARTE CONSTITUTIONNELLE, etc.

> Les faux systêmes gâtent et perdent tout. (*De la Monarchie selon la Charte*. CHATEAUBRIANT.)

LE plus grand malheur qui puisse arriver à une nation, c'est lorsque, dans son sein, il se trouve de ces prétendus philosophes qui croient pouvoir tout expliquer.

A force de recherches, ils embrouillent tout; à force d'analyse, ils détruisent tout, et, rien de praticable ne résultant de leurs sublimes théories, à la place des choses utiles qui subsistaient malgré leurs défectuosités, on ne trouve plus que l'affreux chaos, et tous les élémens nécessaires pour nous y enfoncer de plus en plus, au lieu de nous en faire sortir.

C'est ce qu'à produit la prétendüe philosophie du XVIIIe. siècle.

Au lieu d'appliquer à la morale les ressources qu'offraient les progrès faits dans l'art du raisonnement, et, par-là, trouver le moyen d'être plus heureux, on s'est lancé dans les abstractions, et, voulant, à tous les effets, attribuer une cause, on a presque toujours été réduit à donner pour des certitudes ce qui n'était que le produit d'une imagination exaltée et orgueilleuse.

C'est dans cette disposition d'esprit, qu'avec les grands argumens de la souveraineté du peuple et de son inaliénabilité, de la volonté générale, de la représentation nationale, et mille autres subtilités plus absurdes encore, on est arrivé à cette fameüse année 1789, dans laquelle est venu s'anéantir, pour un tems, le principe sacré de la monarchie, et, par suite, la gloire, la richesse et la prospérité de la France.

C'est de cette manie de réformation et de perfectibilité que sont sorties toutes ces passions qui ont commencé par l'orgueil, qui ont fini par la haine, et dont le choc terrible et oppresseur, après vingt-cinq années de sacrifices, de privations et de larmes, nous a ramenés, par l'excès même du malheur, à la ligne que la nature nous a donné à parcourir, et de laquelle nous ne pouvons nous écarter sans nous précipiter dans une ruine inévitable et éternelle.

Je pourrais prouver ce que j'avance par un simple exposé de ce qui s'est passé, depuis 1789, jusqu'à la restauration. J'en trouverais une preuve, bien plus frappante encore, pendant l'occupation de l'usurpateur. Mais à quoi cela nous conduirait-il? Ne serait-ce pas rappeler des souvenirs que chaque jour efface, réveiller des haines qu'il est du plus grand intérêt d'éteindre? Ne serait-ce pas, pour ainsi dire, gâter, en pure perte, le spectacle d'un beau calme par la peinture déplacée d'une effroyable bourasque?

Dieu me préserve de toute idée de trouble. Si je pouvais faire envisager à tout le monde notre position comme je la vois et comme je la sens; si je pouvais me faire suffisamment entendre pour que chacun comprît bien ses moyens actuels de bonheur, je serais le plus heureux des hommes.

Les premiers momens de la restauration n'ont pas été tranquilles. Il était difficile que cela fût autrement. Nous venions de passer vingt-cinq années au milieu de l'agitation des passions les plus turbulentes; nous avions été témoins ou victimes du déplacement de tous les intérêts; nous avions vu nos institutions disparaître et se reformer, mais en nous les rendant, on les avait défigurées, et d'un peuple poli, savant et brave, on avait cherché à faire un troupeau de soldats, pour pouvoir le promener, au gré du chef, d'un pôle à l'autre, pour protéger son esprit d'usurpation ou réparer ses bévues.

Ainsi nous avions passé successivement par l'anarchie la plus complette, en 1789, par l'affreux despotisme de 1793, par l'impéritie du Directoire, et nous étions encore les victimes sanglantes et désolées du despotime militaire de l'usurpateur.

Nous étions accablés sous le poids d'un malheur auquel nous ne prévoyions aucun remède, et la presque subite apparition de nos maîtres ne nous a pas trouvé préparés à recevoir ce bienfait avec toutes les dispositions nécessaires pour en recueillir, dès cet instant, le fruit.

Cet évènement, que l'impartiale Histoire signalera comme un des plus beaux momens de la monarchie française, devait nécessairement contrarier des opinions nouvelles, froisser des intérêts nouveaux, des affections que j'oserais, peut-être, nommer légitimes, arrêter dans la rapidité de leur carrière, des cœurs ardens qu'enflammait encore l'espérance de l'illustration et de la fortune.

C'était à toutes ces illusions qu'il fallait renoncer tout à coup. Il fallait, à l'exaltation, voir succéder la modération, voir remplacer l'enthousiasme par la réflexion et la prudence, faire disparaître l'unité militaire de nos institutions pour rendre à chacune d'elles son caractère distinctif et sa propre utilité.

Au milieu d'un bouleversement si subit, il fallait encore supporter le pesant fardeau qui venait de nous être imposé par suite des malheurs qu'avaient attiré sur nous l'inconséquence, l'obstination et la fureur de celui qui venait de se désenchanter.

Cette opération ne pouvait être l'ouvrage d'un jour, parce que la plus grande partie de ceux qui étaient appelés à y coopérer en étaient éloignés par leur intérêt personnel, ou parce qu'ils étaient fascinés par une longue habitude. Trop jeunes pour se reporter au souvenir d'époques plus heureuses, ils n'avaient aucune idée de la nouvelle organisation qui leur était offerte. Cependant, on ne peut trop admirer le calme qui a universellement régné dans la Frannce jusqu'à l'époque de l'invasion de l'usurpateur.

A cette funeste époque, l'embrasement a été universel, le choc a été terrible, parce que toutes les prétentions auxquelles on s'était déjà accoutumé à renoncer, ont été réveillées tout à coup; des espérances presqu'éteintes ont été ranimées;

quelques amour-propres qui avaient été froissés, peut-être injustement, ont cru devoir saisir avec avidité l'occasion de la vengeance; alors, tous ces élémens se sont réunis, et, prenant la volonté de réussir pour un gage assuré de la victoire, les intéressés se sont précipités avec fureur dans ce nouveau hasard.

L'ouvrage de la folie, et le délire qui l'avait fait naître, ne pouvaient durer longtems : la justice éternelle a envoyé ses vengeurs, et tout est rentré dans l'ordre.

Nous arrivons à une époque à laquelle on n'a pas fait, peut-être, assez d'attention.

Pendant l'usurpation, plusieurs, séduits par l'éclat trompeur de la carrière qui semblait s'ouvrir devant eux, s'y sont précipités avec imprudence; d'autres, chargés d'une ancienne culpabilité, ont cru devoir favoriser un évènement qui devait, suivant eux, en effacer jusqu'à la trace; d'autres enfin, courant à tout hasard après la fortune, se sont liés au char de l'aventurier.

Il a fallu que le Père punît, tandis qu'il voulait pardonner; que le Roi se ressouvînt, tandis qu'il voulait oublier; et, enfin, au lieu de confondre tous ses enfans dans son amour et sa confiance, il a fallu qu'il fît un choix pour ne pas s'exposer au renouvellement désastreux d'une semblable tentative.

Cette position affligeante, très-délicate, mais pourtant inévitable a produit un sentiment douloureux pour ceux qui se sont cru injnstement punis ou écartés; et, sans consulter l'incorruptible tribunal de leur conscience, ils se sont permis la plainte.

D'autres ont vu, avec une orgueilleuse pétulance, se rétrécir le cercle dans lequel la confiance du Prince devait se fixer. Tous ont imaginé qu'ils avaient un droit égal, et alors on a vu naître cette foule de prétentions, qui a nécessairement dû entraver la marche du gouvernement, et quelquefois faire appeler aux emplois les plus importuns aulieu des plus dignes.

D'autres ont imaginé que la juste sévérité du Prince était le signal auquel ils devaient reconnaître le moment favorable pour reconquérir ce qu'ils prétendaient leur avoir été injustement enlevé. Les tentatives qu'on a cru voir faire à quelques-uns d'entre eux, ont donné la plus cruelle inquiétude; on a tremblé qu'ils ne parvinssent au rétablissement de certains droits qui doivent leur naissance à un système oppresseur et justement abhorré.

Malheureusement, au milieu de cette funeste

agitation, la Chambre des Députés, à la pureté des intentions de laquelle on ne peut trop rendre hommage, s'est trompée, d'abord, dans l'idée qu'elle s'est formée de la nature de ses attributions; elle s'est arrogée un pouvoir qu'elle n'avait pas; et de conseil du Prince, seule fonction qui lui était attribuée par la Charte, elle a cru pouvoir exercer, pour ainsi dire, une autorité rivale; ensuite, elle s'est trompée dans ses motifs, et a plus d'une fois dépassé la borne qui terminait la carrière qu'elle avait à parcourir : je ne citerai, à l'appui de mon opinion, que le projet de loi sur les élections, et la scandaleuse discussion sur le budget.

On ne voyait pas sans appréhension les funestes effets que pouvait produire la réunion de tant de moyens de troubles. Une sourde inquiétude se faisait sentir à l'approche de la seconde session. En considérant que la Chambre des Députés prétendait avoir l'initiative des lois, on tremblait qu'elle ne fît quelques propositions oppressives ou simplement alarmantes.

Grâces à la Providence, protectrice de la France, à la sagesse et à l'inépuisable bonté du Monarque qui nous a été rendu, toutes nos craintes sont dissipées, toute alarme serait une injure, et nous pouvons nous reposer en toute confiance et en paix, à l'ombre de la Charte constitutionnelle, premier bienfait que nous a apporté son auguste présence.

C'est ainsi que l'ont envisagé tous les Français ; c'est ainsi que, d'un bout à l'autre du Royaume, les chants de la reconnaissance sont parvenus jusqu'au pied du trône; c'est ainsi qu'en ont pensé tous les écrivains qui ont cru devoir donner à cet important objet le premier moment de leurs loisirs.

Mais j'avouerai que partageant le sentiment qui les anime, il y a pourtant plusieurs objets sur lesquels je suis loin d'être d'accord avec eux. Ils sont d'un trop grand intérêt, et peuvent avoir de trop grandes conséquences pour que je ne regarde pas comme un devoir impérieux de m'expliquer.

Par exemple, plusieurs ont appelé *représentatif* notre gouvernement, tandis qu'il n'y a point, et qu'il ne peut pas y avoir de *gouvernement représentatif*.

Plusieurs ont cru que la Charte donnait aux deux Chambres l'*initiative* de la loi, tandis qu'elles n'ont point d'initiative.

Pour qu'il y ait un gouvernement représentatif, il faudrait qu'il pût y avoir des représentans.

Pour qu'il pût y avoir des représentans, il faudrait qu'il pût y avoir une représentation nationale.

Pour qu'il y eût une représentation nationale, il faudrait qu'elle fût générale, autrement elle serait imparfaite.

Pour qu'il y eût des représentans, il faudrait qu'ils eussent reçu, chacun d'eux en particulier, des mandats de tous les représentés, autrement il n'y a qu'une réunion de Députés de tel ou tel endroit, et, par conséquent, point de représentation nationale.

Pour que tous les intéressés fussent représentés, il faudrait que chacun d'eux, sans aucune exception, eût été convoqué, eût émis son vœu, et qu'enfin, ils se fussent tous entendu sur le choix des représentans; réunion de circonstances absolument impossible.

On ne m'accusera pas de chercher dans mon imagination seule des règles particulières pour venir à l'appui de mon opinion; celle que j'invoque ici est prise mot à mot d'un des philosophes qui a soutenu avec le plus de force le système que je combats. (*Contrat social*, liv. 2, chap. 2, à la note.)

Il faudrait, ensuite, que le choix des réprésentans eût été parfaitement libre; pour peu que leur liberté eût été circonscrite, il n'y aurait plus de véritable représentation, puisque, parmi ceux qu'ils auraient été obligés d'élire, il pourrait se faire que personne ne fût propre à faire valoir le mandat, et qu'alors, le but de la représentation se trouverait manqué.

Mais supposons la réunion de toutes ces circonstances possible. Les représentés réunis auront élus leurs représentans, mais il ne peut y avoir de représentans sans mandat; le mandat ne peut être que général ou spécial, voilà donc un premier objet de délibération sur lequel il faut que tous les représentés s'entendent.

J'observe que le mandat ne peut être que spécial. Il faudrait, en effet, que la volonté des représentés fût *précisément* connue des représentans, pour qu'ils pussent la déclarer et la faire valoir. Un mandat général, ne portant pas l'expression de la volonté des représentés, il n'y aurait plus que des Députés *ad providendum;* ce qui ne constituerait pas le véritable caractère de représentant.

Pour qu'il y ait une représentation nationale, et de véritables représentans, le mandat ne peut donc être que spécial. Alors, il faut qu'il soit unique, clair, déterminé, impératif. Impératif, parce qu'il est de l'essence du mandat, que le mandataire ne peut sortir de ses bornes.

Mais, supposons l'existence d'un mandat possible. Comme il doit être clair et déterminé, comment parviendra-t-on à sa rédaction ? alors nous voilà dans les abstractions de la volonté générale.

Comment la définir ? comment se réunir pour la former ? comment se formera-t-elle ? est-ce à l'unanimité, à la pluralité absolue ou relative ? comment la constater ? quel sera son effet ? sera-t-elle obligatoire *proprio jure*, ou servira-t-elle seulement de matière aux délibérations des représentans ?

Si elle est obligatoire *proprio jure*, il n'y a point de représentans, mais simplement des Députés chargés de la faire connaître, sans délibération subséquente.

Si elle ne doit servir que de matière aux délibérations des représentans, il n'y a point de représentation, puisqu'il n'y a point de mandat proprement dit, mais une simple instruction. Il n'y a point de mandat proprement dit, puisque les représentans, délibérant sur ce qui a fait l'objet de la volonté générale, peuvent à chaque instant l'anéantir ou la changer par le résultat de leurs délibérations.

Mais supposons toutes ces choses possibles, et toutes ces difficultés entièrement levées. Que deviendra cette représentation nationale et cette expression de la volonté générale, si les représentans qui sont chargés de la porter au pied du trône ne sont pas aussi chargés de la faire exécuter ?

S'ils ne sont pas chargés de la faire exécuter, le Monarque peut la rendre nulle, ou la dénaturer, ou l'affaiblir, en n'y faisant aucune attention, en la modifiant, et même en prenant une détermination contraire.

S'ils sont chargés de la faire exécuter, voilà le pouvoir exécutif partagé; une lutte terrible s'engage entre le Monarque et les représentans, par le simple effet de la rivalité; et alors, par une conséquence inévitable, la monarchie est détruite.

Si la volonté générale est obligatoire, pour le Monarque, *proprio jure*, quelle sera alors la condition de celui-ci? ce ne sera plus qu'un simple commis sans dignité, sans énergie, sans pouvoir, sans inviolabilité, puisque ce sera à lui que l'on devra s'en prendre de la moindre infraction dans l'exécution des ordres qui lui auront été impérieusement transmis.

Je ne peux pas envisager sans effroi les tristes résultats d'un système aussi funeste; à la place d'un gouvernement, il ne reste que l'anarchie et l'affreuse cumulation de tous les maux qui en sont la suite inévitable.

Mon opinion se trouve confirmée par l'expérience que nous venons d'acquérir.

L'assemblée constituante n'osa pas prendre le titre de représentans du peuple, parce qu'elle sentait l'insuffisance de son mandat, le peu d'unanimité des cahiers de doléances, et, qu'enfin, elle ne songeait pas encore à établir un gouvernement représentatif.

L'assemblée législative, malgré son grand esprit d'empiètement, et le prétexte qu'elle pouvait peut-être trouver dans la constitution, ne put se décider à usurper ce titre.

La Convention ne le prit, que parce qu'après avoir fait abjuration de tous les principes, elle en avait besoin pour autoriser ses fureurs; encore elle crut si peu à sa réalité, qu'elle envoya à l'acceptation du peuple la constitution qu'elle venait de hasarder au milieu du canon de vendémiaire.

Mais ces trois assemblées s'étaient arrogées un pouvoir qui, nécessairement, devait devenir funeste. Elles s'étaient déclarées *Pouvoir législatif*. Le Monarque avait été réduit à la simple fonction de pouvoir exécutif. Il avait, à la vérité, le droit du *veto suspensif*. Par cela même qu'il n'était que *suspensif*, le Monarque se trouvait nécessairement séparé du pouvoir législatif, et, de cette organisation monstrueuse, qu'est-il arrivé?

L'assemblée constituante a ébranlé la monarchie.

L'assemblée législative l'a renversée.

La Convention a décrété la république, a assassiné le Roi, a créé le gouvernement révolutionnaire, a couvert la France entière d'échafauds, a ruiné le crédit public, a déclaré la guerre à toutes les puissances, etc.

Passons les momens qui ont suivis, quoique nous puissions y trouver mille preuves des dangers auxquels exposerait le système representatif, et, nous en rapportant à ce que nous avons dit de la dernière Chambre des Députés, examinons maintenant la Charte constitutionnelle. Nous trouverons, dans ce monument éternel de la sagesse et de la bonté du Monarque, la preuve que, dans l'organisation de notre gouvernement, il n'y est pas entré la moindre idée de représentation.

« Au Roi seul appartient le pouvoir exécutif. » (Art. 13.)

Les Députés, n'ayant aucune espèce de fonction relative à l'exécution de la volonté générale, il manque par conséquent à leur caractère un des objets essentiels de la représentation.

« La puissance législative s'exerce collective-
« ment par le Roi, la Chambre des Pairs et
« la Chambre des Députés des départemens. »
(Art. 15.)

« Le Roi propose la loi. » (Art. 16.)

« La proposition de la loi est portée, au gré
« du Roi, à la Chambre des Pairs ou à celle des
« Députés, excepté la loi de l'impôt qui doit
« être adressée d'abord à la Chambre des Dépu-
« tés. » (Art. 17.)

Le Roi représente la nation. Il a reçu d'elle, par la nature seule de son institution, le mandat de veiller à l'intérêt général, qui n'est autre chose que la justice dans son sens étendu *suum cuique*.

Cet intérêt général assuré, on en voit naître nécessairement la sécurité pour les intérêts particuliers, et alors nul prétexte aux troubles, aux usurpations ; car, dès qu'il en existe, le simple tort fait à un particulier compromet l'intérêt général. Ainsi, celui qui, par la force de son autorité, peut seul maintenir l'équilibre et réprimer les injustices, représente, réellement et nécessairement, la nation dont le grand intérêt est dans la tranquillité.

La Chambre des Pairs ne représente personne, puisqu'aucun des membres qui la composent n'ont été nommés par les représentés, et qu'ils ne sont porteurs d'aucun mandat.

La Chambre des Députés ne représente personne :

1°. Parce que les membres qui la composent n'ont point été nommés par tous les représentés, mais seulement par ceux qui payent une contribution directe de 300 fr. (Art. 40.)

2°. Parce que les Députés n'ont pas été choisis parmi tous les représentés indistinctement, mais seulement parmi ceux qui payent une contribution directe de 1000 fr. (Art. 38.)

3°. Parce que chacun des Députés n'est nommé que pour cinq ans ; (Art. 37) de manière qu'il serait possible, en supposant qu'il fût porteur de la volonté générale, que ses fonctions cessassent de droit avant que son mandat ne soit rempli, ou qu'elles fussent continuées longtems après qu'il serait expiré.

4°. Parce que la manière dont se forment les colléges électoraux n'est pas entièrement libre, mais au contraire déterminée par une loi. (Art. 35.)

5°. Parce qu'il n'y a point de mandat, mais une simple instruction sur des intérêts locaux qui n'emporte aucune obligation stricte d'y obéir, et ne donne aucun pouvoir; ou des vœux pour la confection d'une loi sur tel ou tel objet, sans condition impérative, ni rédaction déterminée.

6°. Parce que le Roi a le droit de dissoudre la Chambre des Députés (art. 50), d'où il résulte nécessairement qu'il n'y a point de véritable représentation, puisque la seule volonté du Monarque pourrait anéantir la volonté générale, en renvoyant ceux qui en étaient porteurs, et qui devaient veiller à son exécution avant qu'ils n'eussent pu la faire connaître et la faire valoir.

Il n'y a donc ni représentation nationale, ni représentans, puisque tous les représentés ne sont pas appelés à délibérer, que leur délibération n'est pas libre, que leur choix ne peut tomber que sur ceux qui leur sont indiqués par la loi, qu'il n'y a pas de mandat, et que la Chambre de prétendus représentans peut être dissoute à la volonté du Monarque.

Maintenant, quelle est donc la nature des fonctions de la Chambre des Pairs et de celle des Députés? C'est ce qu'il nous sera facile d'expliquer, puisque nous sommes venus à bout de détruire tout système de représentation à leur égard.

Le Roi seul est véritable représentant de la nation. Il a besoin de s'entourer de conseils. Il a son conseil privé pour les affaires auxquelles il croit devoir donner une attention plus particulière, et il le forme à volonté.

Il a son conseil d'Etat pour toutes les affaires contentieuses et administratives ordinaires, et, comme c'est en son nom et sous son autorité que se rend la justice et que se fait l'administration, c'est encore lui qui nomme les membres qui le composent.

Enfin, pour les dispositions qui tiennent à la législation générale, il a besoin de lumières plus étendues, de connaissances plus particulières, d'une espèce d'indignation locale, si j'ose parler ainsi : c'est de l'intérêt général du peuple, qu'il représente, dont il est question dans la formation de la loi; et comme cet intérêt général se compose de tous les intérêts particuliers, il cherche a les connaître dans le plus grand détail, afin d'en composer la raison de la loi qui doit convenir à tous.

C'est par ce motif qu'il permet à son peuple de lui envoyer des députés pour lui donner leur avis sur les intérêts de chaque localité, du balancement et du réglement impartial desquels se compose l'intérêt général.

La Chambre des Pairs est composée de tout ce qu'il y a de grand, dans le royaume, par la naissance, par les vertus, par les talens. C'est une réunion de magistrats généreux, éclairés et impartiaux qui, abstraction faite de toutes prétentions particulières, de toutes rivalités, à l'abri de l'influence des préjugés et de l'ambition, pèsent, discutent, délibèrent, et enfin prononcent si la loi proposée par le Roi et discutée par la Chambre des Députés, d'après la connaissance plus exacte qu'elle a des intérêts particuliers; est en harmonie avec l'intérêt général. C'est une institution plus solennelle, plus indépendante, dont la coopération et l'assentiment commence la stabilité que le Monarque perfectionne par la sanction.

Ainsi, la Chambre des Pairs et celle des Députés sont les deux parties du conseil général du prince dont l'une est plus spécialement consultée sur l'intérêt particulier, et l'autre plus spécialement sur l'intérêt général.

Il me semble que la noblesse et l'utilité de ces fonctions doivent bien suffire pour remplir l'ambition de l'homme. Quelle belle carrière un citoyen parcourt, quant, honoré de la confiance de ses semblables, il reçoit d'eux la grande mission de porter au pied du trône l'hommage de l'amour et de la reconnaissance, d'y porter les plaintes de celui qui souffre avec la certitude d'en rapporter du soulagement, de réclamer la justice et d'être sûr de l'obtenir : il me semble, dis-je, que toute ambition étrangère serait un attentat, sur-tout lorsque l'objet sur lequel elle porterait serait nécessairement destructeur du gouvernement qu'il s'agit d'aider et de consolider.

Je dis *destructeur*, parce que, d'après ce qui vient d'être établi, lorsqu'il y a un *gouvernement*, il ne peut y avoir de *représentation*.

S'il pouvait y avoir une *représentation*, il n'y aurait point de *gouvernement* : d'où je conclus que *gouvernement* et *représentatif* sont deux mots entièrement incompatibles.

J'ai dit que les Chambres n'avaient point l'initiative de la loi. Cette assertion serait peut-être hasardée si on la prenait dans son sens étendu, au lieu de l'appliquer à la manière dont les Chambres en ont fait usage jusqu'ici, et qui me paraît non-seulement contraire à l'esprit et à la lettre de la Charte, mais encore entraîner les inconvéniens les plus graves.

Dans une matière d'aussi haute importance, c'est à la lettre même de la charte qu'il faut se rapporter sans se permettre d'interprétations, qui, en pareille matière, dégénéreraient en extentions extraordinairement préjudiciables, et nous exposeraient à conclure continuellement, contre tous les principes, du plus petit au plus grand.

« Les Chambres ont la faculté de supplier le « Roi de proposer une loi sur quelqu'objet que « ce soit, et d'indiquer ce qu'il leur paraît con- « venable que la loi contienne. » (Art. 19.)

« Si la proposition est adoptée par les deux « Chambres, elle sera mise sous les yeux du Roi; « si elle est rejetée, elle ne pourra être repré- « sentée dans la même session. » (Art. 21.)

Sans nous embarrasser de la différence, pourtant essentielle, entre les mots *droit* et *faculté*, passons sur-le-champ au reste de la discussion.

Les Chambres peuvent *supplier le Roi.* Supplier n'est certainement pas prescrire : c'est la prière des deux parties constituant le conseil général du prince, qui présentent à sa méditation un objet qu'elles croyent de l'utilité générale, ou d'un intérêt local majeur. Toutes les fois que cette prière prend la forme impérative, il est évident que c'est une usurpation, d'autant plus criminelle qu'elle porte le caractère de l'irrévérence, de l'insubordination et de la défiance.

Mais cette prière, que les deux Chambres ont la faculté d'adresser au Roi, prend un caractère impératif, lorsque l'objet sur lequel elle porte est présenté sous une forme déterminée, et qui ne permettrait, pour ainsi dire, pas au Monarque de s'en écarter. C'est l'erreur extrêmement grave dans laquelle sont tombées les deux Chambres; elles n'ont pas *supplié* le Roi de prononcer une loi, mais elles lui ont présenté une loi toute faite, de manière qu'elles ont, pour ainsi dire, circonscrit sa sagesse dans des bornes qu'elles paraissaient lui défendre de dépasser.

Il en résulte deux inconvéniens. Ou le Roi acceptera la rédaction des Chambres, telle qu'elle a été arrêtée, et alors ce n'est plus un véritable acte de sa puissance, mais un simple assentiment; ce qui ôte à la loi sa solennité, puisque ce n'est plus le Roi qui propose, mais simplement lui qui accepte.

Si le Roi n'accepte pas la rédaction qui a été arrêtée par les Chambres, et que, dans sa sagesse, il croye devoir y introduire des modifications, y faire des changemens ou des additions, alors arrive la nécessité d'une nouvelle discussion, dans laquelle interviendra nécessairement le conflit de toutes les petites passions. Il n'y aura pas un de ces nouveaux Législateurs qui ne se croie offensé parce qu'il aura été vaincu en sagesse, et qui ne regarde comme un point important de sa gloire de soutenir la supériorité du premier ouvrage. Peut-être même l'aigreur résultante d'une position pareille passera-t-elle à la Chambre toute entière; l'orgueil du corps lui persuadera que sa dignité a été compromise, et le bien public, qui devait résulter d'une coopération franche et bien entendue, se trouvera dans le plus grand danger par une simple pointillerie.

Ce n'est point une hypothèse que je présente dans cette circonstance; il suffit de prendre les débats de la dernière Chambre pour s'en convaincre.

Si, au contraire, le Roi accepte la rédaction telle qu'elle a été arrêtée par les deux Chambres, il arrivera nécessairement un double emploi dans leurs fonctions, puisque, sur la proposition que le Roi fera de cette loi, telle qu'elle aura été présentée, il sera nécessaire d'ouvrir une discussion, et que cette discussion aurait déjà été faite.

Ne pourrait-il pas arriver ensuite que de nouvelles réflexions ou de nouvelles circonstances, quelquefois même les manœuvres d'une cabale, eussent amené les Chambres à changer d'avis? Alors elles discuteraient contre leur propre opinion, et il pourrait se faire, par l'évènement, qu'elles refusassent de coopérer à une loi qui, pourtant, aurait été, dans le principe, leur ouvrage. Il n'est pas besoin d'un raisonnement plus suivi pour faire sentir tout le ridicule dont une semblable inconséquence couvrirait un corps qui ne peut avoir d'importance et d'utilité qu'autant qu'il est environné de considération.

Le Roi seul sanctionne la loi. (Art. 22.)

C'est ce droit de sanction, résidant dans la seule personne du Monarque, qui donne à la loi sa véritable existence et fait son seul caractère. Jusque-là, cela n'a été qu'un projet concerté entre le Monarque et les deux Chambres, qui peut être également réalisé, ou non, par le Roi, sans qu'il soit obligé de rendre compte de ses motifs; d'où il s'ensuit que, dans sa personne seule, réside *réellement* et *essentiellement* le pouvoir législatif.

Si la Charte appelle collectivement les deux Chambres à y concourir avec le Roi, cela ne vient que de la haute sagesse du Monarque qui nous l'a donnée. Par l'inspiration d'une religieuse méfiance de ses propres forces, il a voulu se placer dans l'heureuse impuissance de faire quelque chose, dans une matière d'une si haute importance, sans avoir demandé des conseils qui lui sont donnés, d'un côté, par les grands du royaume, plus spécialement chargés de la conservation de sa gloire et de la stabilité de son trône; et de l'autre, par ceux même que la portion la plus intéressée du peuple a envoyés pour lui représenter ses besoins et lui exposer ses griefs.

Il a bien voulu, dans l'exercice d'une des branches essentielles du pouvoir qui lui est attribué, par la seule force de son institution, consentir à une modification et prouver à son peuple que, dépositaire de l'intérêt général, il ne ferait jamais rien d'arbitraire ni de précipité, et que, pour peu qu'une chose qu'il aurait regardée comme de l'intérêt de tous leur répugnât, il ne lui donnerait aucune suite. Voilà la seule manière dont on puisse expliquer la coopération *collective* des deux Chambres à la formation de la loi.

Mais si le Roi est, pour ainsi dire, forcé de présenter la loi telle que la rédaction en a été arrêtée par les deux Chambres, cette fonction de la sanction devient une formalité pour ainsi dire nécessaire, et alors le Monarque se trouve dépouillé de la portion vraiment constitutive de son autorité. Alors, il arrive que les Chambres, au lieu d'être Conseils du Prince, deviennent réellement *Corps législatif:* bouleversement dont on a déjà trop senti les funestes effets, et auquel on ne saurait trop s'empresser de parer, quand même la Charte n'y aurait pas pourvu de la manière la plus claire, et la moins susceptible d'interprétation. Ainsi, d'après ce que je viens de dire, les Chambres n'ont ni le droit, ni la faculté de présenter au Roi des lois toutes rédigées. Cette forme est subversive de tous les principes; elle est en contravention manifeste avec la Charte, et elle peut entraîner les plus graves inconvéniens, puisqu'elle tend évidemment à dépouiller l'autorité légitime de son caractère essentiel, le *pouvoir législatif*, qui consiste dans la *sanction*. Les Chambres, ne pouvant pas proposer de lois toutes rédigées, comment doivent-elles donc s'y prendre pour *supplier* le Roi de présenter une loi, et lui indiquer ce qu'elles croiraient convenable de faire entrer dans sa composition? il me paraît que rien n'est plus simple à expliquer.

Celle des Chambres qui croira devoir *supplier* le Roi de proposer une loi sur un objet quelconque, dressera un mémoire détaillé, qui contiendra non-seulement l'objet sur lequel elle pensera que l'attention du Roi devrait se fixer, mais encore les motifs qui en établiront la nécessité, et les différentes circonstances qui en résultent.

Ce mémoire ne devra avoir aucune forme législative, et ne pourra contenir aucune rédaction déterminée.

Une chose essentielle, et qui me paraît résulter de la lettre même de la Charte, c'est que l'on ne devra donner à ces mémoires de publicité sous aucun rapport, pas même en se permettant de faire annoncer par les feuilles publiques, même sans entrer dans aucun détail, que les Chambres ont présenté à Sa Majesté un mémoire sur tel ou tel objet.

Je trouve l'indication de cette mesure dans la lettre même de la Charte : « Cette demande pour-« ra être faite par chacune des deux Chambres, « mais après avoir été discutée en comité secret. » (Art. 20.)

Ce secret est de la plus haute importance.

MM. les Députés ne sont censés connaître que les intérêts de leur localité. Le Roi, par le fait de l'administration, connaît seul la totalité des intérêts particuliers, peut seul en faire la pondération, de laquelle résulte l'intérêt général dont la conservation lui est confiée, par la nature même du mandat qu'il a reçu par son institution. Ainsi lorsqu'il croit ne devoir pas prendre en considération un mémoire présenté par les Chambres, c'est qu'il juge, dans sa sagesse, que l'objet qui y est traité n'est pas réellement utile à tous.

Mais si on publie la supplique qui lui a été présentée, alors, on égare l'opinion publique, on fait envisager comme une chose universellement utile l'objet sur lequel elle porte; le silence du Monarque est pris pour une négligence de ses devoirs par une multitude nécessairement ignorante, lorsqu'il s'agit de juger de l'intérêt de tous; et, alors, il en résulte une défaveur sur le Monarque, qui avilit et, par conséquent, affaiblit son autorité.

Ainsi les Chambres n'ont réellement pas *l'initiative*, mais seulement la faculté de proposer au Roi l'objet sur lequel il doit exercer son droit d'*initiative*.

L'*initiative* appartient donc au Roi seul, et cela est si vrai que les Chambres ne peuvent pas même mettre en délibération un amendement à la loi qui leur a été présentée par le Roi, sans que celui-ci ne l'ait proposé ou n'y ait consenti. (Art. 46.)

Cette *initiative* exercée, les Chambres délibèrent sur le plus ou le moins d'utilité de la loi, et leur seule coopération *collective* consiste à déclarer, à la pluralité des suffrages, que telle ou telle proposition est avantageuse ou nuisible.

L'*initiative* du Roi étant exercée, la coopération des Chambres ayant eu lieu, la loi n'est pas encore faite : elle ne prend son caractère définitif que par la *sanction*. La *sanction* ne peut se faire que par le Roi; c'est donc lui qui a *seul* et *réellement* le pouvoir législatif. La sanction donnée par le Roi, alors commencent les fonctions du pouvoir exécutif; il promulgue, et, de cet instant seulement, la loi devient obligatoire.

Il est tems de revenir à ces principes incontestables, parce que c'est d'eux seuls que nous pouvons attendre la stabilité de la monarchie, et, que c'est par cette stabilité seule, que nous pouvons obtenir la confirmation de nos espérances. La monarchie ne peut être stable qu'autant qu'elle sera entourée d'institutions *purement monarchiques;* la moindre ressemblance qu'elles pourraient conserver avec ces institutions mélangées qui ont rendu si vacillans les différens gouvernemens par lesquels nous venons de passer, suffirait pour renverser celui qui vient de nous être rendu, qui doit cicatriser nos plaies, et faire disparaître jusqu'au souvenir de nos malheurs.

Les Chambres n'ont plus une origine *populaire*. Elles ne doivent, aujourd'hui, leur existence qu'à la volonté du Monarque, qui, ponr l'avantage et la sécurité de son peuple, a bien voulu proposer lui-même la modification de son pouvoir, s'environner d'un conseil nécessaire et plus solennel. Elles doivent se renfermer dans ces attributions déjà si nobles; et, profitant de l'expérience des tems qui viennent de s'écouler, se garantir scrupuleusement de toute usurpation, au lieu d'aider le Monarque à remplir son mandat, elles l'en empêcheraient; au lieu de remplir le leur, qui est l'intérêt du peuple, elles nous replongeraient dans tous les malheurs de l'anarchie.

Elles n'ont aucun droit, ni aucun prétexte pour trancher du souverain; elles doivent se renfermer dans les bornes qui lui sont impérieusement prescrites par la Charte, et Dieu nous préserve de penser qu'elles puissent s'imaginer un jour que la royauté doit s'abaisser devant elles, et les laisser mésuser de leurs droits jusqu'à se considérer comme autorités rivales : elles ne sont autre chose que la création de la sagesse et de la bienfaisance du Monarque.

D'après ce qne nous venons de dire, il est évident,

1°. Qu'il ne peut pas y avoir de représentation nationale, par conséquent, point de représentans; mais seulement des députés des départemens, et que cette qualification bien précisée par la Charte doit être entendue dans son *sens stricte ;*

2°. Que les Chambres n'ont point l'initiative de la loi; que ce droit appartient au Roi seul; que lui seul a réellement le pouvoir législatif par la sanction; que la coopération *collective* des Chambres est une modification de ce pouvoir, contentie par le Roi, et qui ne consiste en effet, pour les Chambres, que dans le droit de donner un conseil devenu nécessaire, et, en cas de dissentiment, suspensif, par la seule volonté du prince. Ainsi, le Roi ne peut sanctionner et promulguer de lois qu'après les avoir proposées, et qu'elles ont été acceptées par les Chambres.

Mais il est des circonstances imprévues qni peuvent amener la nécessité d'une mesure extraordinaire.

C'est ce qui a donné lieu à une discussion très-étendue, à la Chambre des Pairs, sur la *prérogative* royale.

On a entendu par ce mot, qui ne se trouve point dans la Charte, et qui, suivant moi, ne devait pas s'y trouver, *l'étendue mystérieuse* de l'autorité royale dans les cas extraordiuaires.

Le Roi seul a le pouvoir exécutif. Tout ce qui peut nuire à la tranquillité et à la rapidité de l'exécution est un trouble.

Dès l'instant que l'on s'aperçoit de ce trouble, le Roi *doit* y parer, pour empêcher que l'intérêt général ne se trouve compromis.

Il le doit, par la nature même de son institution; et la preuve que cela entre nécessairement dans la composition de son autorité, c'est que la Charte n'en fait aucune mention particulière. *Ubi lex non distinguit, nec nos distinguere debemus.* Elever à cet égard le moindre doute, ce serait, pour ainsi dire, douter de la puissance même du

Roi, ce serait retrancher, arbitrairement, de son autorité son plus beau privilége, celui de maintenir la tranquillité publique; ce serait le dispenser, au détriment du salut commun, du plus indispensable de ses devoirs, et, par conséquent, détruire en partie le mandat qu'il a reçu de la nation, et à l'exécution duquel il est lié, non-seulement par le seul fait de son acceptation, mais encore par la loi redoutable du serment.

Un membre de la Chambre des Pairs, recommandable par ses grands talens, et sa noble conduite, a prétendu, le 15 janvier dernier, qu'il fallait le concours de *tous les pouvoirs* pour les mesures extraordinaires auxquelles la sûreté publique peut donner lieu.

Je suis extrêmement faché de ne pas partager l'avis d'un écrivain aussi distingué. Plus son opinion, recherchée avec avidité par tous les bons esprits, peut être importante et avoir d'influence, plus je crois devoir me joindre à ceux de ses honorables collègues qui l'ont réfutée, lorsque je crois m'apercevoir qu'il s'est trompé.

D'abord, M. de Lally-Tolendal regarde les deux Chambres comme des *pouvoirs*.

On arrivera nécessairement à des conséquences funestes lorsqu'on les tirera de principes erronés.

Les principes sont toujours erronés quand on fait abus des mots.

Il n'y a de pouvoir, d'après la Charte, que dans la personne du Roi. Tout au plus les Chambres auraient-elles reçu, de la libéralité du Monarque, une simple participation du pouvoir.

Dès que l'on ne fait que participer au pouvoir, il faut qu'il soit préexistant; on ne l'exerce que par suite de la coopération à laquelle on est appelé; on n'a donc aucun pouvoir par soi-même, mais seulement la faculté d'intervenir pour prêter un appui de plus à l'autorité, et, par conséquent, augmenter la force de son impulsion.

Ainsi les Chambres, usant de leur faculté, fortifient l'autorité du prince en consentant la loi qu'il leur a proposée.

Elles la fortifient encore en la refusant, puisqu'elles augmentent le respect pour une autorité qui, malgré sa force, a assez de sagesse pour s'arrêter lorsqu'elle peut appréhender de faire quelque chose de nuisible ou simplement de hasardé. Mais elles n'ont aucun pouvoir par elles-mêmes, puisqu'elles n'ont rien à faire lorsque le Roi ne propose pas, et qu'elles n'ont rien à faire encore, lorsque le Roi ne donne aucune suite aux mémoires qu'elles lui ont présentés pour le supplier de proposer une loi.

Sortir de cette limitation des attributions des deux Chambres, ce serait revenir à ces tems de malheurs où l'assemblée constituante avait usurpé le pouvoir législatif; où l'assemblée législative avait empiété sur le pouvoir exécutif; où la convention avait tout envahi et tout confondu; où, sous le directoire, il fut impossible de reconnaître, malgré la constitution qui était alors en vigueur, quelle était la véritable démarcation des pouvoirs, et entre les mains de qui chacun d'eux reposait effectivement.

Ce serait méconnaître le principe qu'avait proclamé l'usurpateur lui-même. Malgré le besoin qu'il avait d'attribuer un pouvoir au corps législatif, pour qu'il l'aidât à consolider sa puissance éphémère, il avait reconnu ce principe, parce qu'il est des règles immuables, dérivant immédiatement de la justice, devant lesquelles la tyrannie elle-même est forcée de faire plier sa verge atroce, lorsqu'elle croit qu'il n'est pas encore dans son intérêt de convenir ouvertement de ses attentats.

Prenait-t-il le tribunat pour un pouvoir, lorsque, de sa seule autorité, il le dissolvait?

Prenait-t-il le corps législatif pour un pouvoir lorsque, du haut de son trône usurpé, il lui retira la discussion sur le Code civil, et que, mêlant la plus grossière insulte à cette mesure plus qu'arbitraire, il lui déclara que les esprits n'étaient pas encore assez mûrs pour délibérer dans une matière d'une aussi haute importance ?

Le corps législatif vient un jour féliciter sa première épouse à l'occasion d'une victoire ; dans son remercîment, elle se sert du mot de *représentant.* L'oreille jalouse du maître est frappée, quoiqu'au fond de l'Allemagne ; pour ne laisser aucun doute sur la nature des fonctions qu'il veut bien abandonner au corps législatif, un courier vient avertir la tremblante épouse et rabaisser l'orgueil du corps qui s'était, peut-être déjà, permis de nouvelles espérances. Le prenait-il pour un pouvoir ?

Ainsi les Chambres ne sont pas des pouvoirs ?

Comment donc pourrait-on exiger que le prince recourût à leur coopération, lorsqu'il n'est question que d'une fonction indispensable du pouvoir exécutif ? Ce serait lui ôter sa force, l'espèce de responsalité à laquelle il a consenti, et par conséquent tout confondre par un envahissement impardonnable.

Je dis qu'en pareille circonstance, c'est une fonction du pouvoir exécutif seul, et cela résulte de la nature même de son mandat, qui, lui prescrivant impérieusement de veiller *à lui seul* à la sûreté publique, doit nécessairement s'en rapporter *à lui seul*, pour les mesures à prendre, et lui en faciliter l'emploi par une confiance exclusive.

C'est une fonction indispensable du pouvoir exécutif, et cela resulte nécessairement de la nature même des moyens à employer et des mesures à prendre.

En pareil cas, il n'y a point de loi à porter, mais simplement des règlemens instantanés à faire, et des ordres à donner.

Il n'y a pas de lois à faire, parce que les évènemens auxquels il est question de parer ne sont pas de l'intérêt général, *par leur nature*, mais seulement *par leurs résultats*, et que ce n'est que sur des objets d'intérêt général que se fait la loi. Pour les autres circonstances, un simple règlement suffit, parce qu'il est du caractère essentiel de la loi d'être stable, et que les troubles qu'il faut appaiser ne sont que passagers; parce qu'il faut du tems pour faire la loi, et que l'on ne peut trop se hâter de prescrire ce qu'il faut faire pour faire disparaître jusqu'à l'ombre du danger.

S'il n'y a pas de lois à faire, pourquoi recourir à la coopération des deux Chambres qui n'ont d'autres fonctions que de concourir *collectivement* à la *préparation* de la loi, qui, si elle est acceptée, ne devient telle que par la *sanction* ou au rejet de la loi proposée, qui alors disparaît entièrement.

Ce serait donc admettre les Chambres à la coopération d'un règlement. « Le Roi fait les « règlemens et ordonnances nécessaires pour « l'exécution des lois et la sureté de l'Etat. » (Art. 14.)

Voilà précisément le cas dont nous nous occupons, prévu par la Charte. Toute disposition contraire, en donnant aux Chambres une attribution à laquelle non-seulement elles ne sont pas appelées, mais qui leur est textuellement interdite, n'aurait d'autre effet que d'anéantir cette Charte, notre seule espéranoe et notre seule ressource, par la subversion de tous les principes et la plus affreuse confusion des pouvoirs.

Les principes sont presque toujours erronés quand on les invoque en faisant un abus des mots.

On appelle l'*étendue mystérieuse* de l'autorité royale, *prérogative*,

1° Si c'est une *prérogative*, le Roi doit en jouir par lui-même, de son droit, à sa volonté, et il n'a besoin du concours de personne pour l'exercice d'une faculté qui est essentiellement à sa disposition toute entière.

2° Ce n'est pas une *prérogative*. Ce mot entraîne avec lui la faculté *d'exercer* ou de ne *pas exercer*. Or, il s'en faut heureusement beaucoup que, dans de pareilles circonstances, on ait laissé quelque chose à l'arbitraire d'une simple faculté. C'est *un devoir* sacré, indispensable, qui est impérieusement prescrit au Prince, par la force de son mandat pour le salut de tous; et, plus particuliérement encore par son intérêt personnel, pour sa propre sûreté.

Mais pourquoi appeler cette prétendue prérogative, *l'étendue mystérieuse* de l'autorité royale?

C'est ici que l'abus des mots se fait sentir plus particuliérement encore. Pourquoi se servir du mot *étendue*, tandis que l'obligation de veiller plus particulièrement à la sûreté générale fait partie essentielle du mandat du Prince, et par-conséquent de son autorité; de manière que, dans ces circonstances malheureuses, le Prince n'étend pas son autorité, mais il se sert de la portion du pouvoir qu'il a reçu, et qui est applicable à la position extraordinaire dans laquelle il se trouve.

Si le Prince pouvait étendre son autorité, ce serait une usurpation de sa part, puisqu'il se trouverait dans le cas du mandataire qui excède les bornes de son mandat. S'il n'exerçait pas alors son autorité de plein droit, il se trouverait dans le cas du mandataire qui ne remplit pas la totalité de son mandat; et, dans l'une et l'autre supposition, il resterait chargé d'une énorme responsabilité.

On appelle ensuite cette étendue *mystérieuse*; on n'a sans doute pas réfléchi que cette qualification était une injure. On accuse d'abord le Roi d'étendre son autorité en se servant de sa prérogative; ensuite, on l'accuse de l'étendre *mystérieusement*. Tout ce qui emporte l'idée du mystère, suppose réellement une machination à l'effet de tromper, et je rends trop de justice à la loyauté de l'illustre personnage qui s'est servi de ces deux expressions, pour soupçonner un seul instant qu'il ait pu avoir l'idée de leur donner un pareil sens. Mais, comme tout ce qu'il dit doit produire un grand effet par la juste confiance qu'il inspire, on ne peut trop se presser de détromper le public à cet égard, et de faire voir que, par un abus involontaire des mots, M. de Lally-Tolendal peut donner à penser une chose qui, à coup sûr, n'est pas dans son cœur.

Non, certes, il ne peut pas y avoir de mystère dans l'exercice du pouvoir de l'autorité royale; lorsqu'elle porte des lois, sa conduite est patente, sa volonté est déterminée, et sa sagesse ne peut être révoquée en doute, puisqu'il s'est placé lui-même dans la nécessité de consulter, et dans celle de s'abstenir en cas de conseil négatif.

Il n'y a point de mystère lorsqu'il fait des règlemens dans les cas extraordinaires, puisqu'il faut bien qu'ils soient connus, pour qu'ils puissent être exécutés; il n'y a point de mystère dans les ordres qu'il donne, mais quelquefois il est obligé de les environner d'un profond secret, parce que la publicité finirait par les rendre illusoires, et par conséquent empêcherait leur exécution.

C'est ce secret que l'on a pris mal-à-propos pour du *mystère*, et pourtant il me semble que personne ne peut se méprendre sur la différence essentielle de ces deux expressions : l'une tient à la prudence, l'autre à l'oppression.

Mais comment ce secret, essentiel à l'efficacité des mesures que l'on doit prendre pourra-t-il être conservé si l'on admet les Chambres à l'exercice de la *prétendue prérogative?* Ne sera-til pas, à chaque instant, sur le point d'être divulgué par l'une des quatre cents personnes auxquelles on aura été obligé de le confier? Alors, peut-on calculer les tristes résultats d'une indiscrétion? Les coupables, avertis que l'œil de la prévoyance est ouvert sur leurs manœuvres, ne peuvent-ils pas se réunir pour les rendre plus dangereuses encore, et, par un accroissement incalculable de danger, rendre impuissant un remède qui d'abord eût été salutaire, ou forcer d'employer une sévérité, devenue indispensable, lorsque, dans le principe, la douceur eût suffi ?

Ou bien les perturbateurs, avertis à l'approche du danger, se dissiperont pour échapper à la justice. Lorsque tout sera rentré dans l'ordre accoutumé, bientôt on leur verra renouer leurs entreprises, et nécessiter un second développement des moyens et des forces, qui eussent suffi la première fois si le secret de leur emploi n'eût été confié à personne.

Mais supposons ce secret possible : la nécessité de consulter les Chambres pour l'exercice de cette prétendue prérogative, entraînerait des inconvéniens de bien une autre espèce.

1°. Lorsqu'il existe un trouble, il est de la nature même du danger, que la plus grande célérité seule peut y porter remède.

Mais il faut du tems pour les communications, il en faut pour la délibération, et, pendant cet intervalle indispensable, ou le danger cesse de lui-même, et alors toute mesure devient inutile et superflue, ou il s'augmente dans une progression, qui, quelquefois, peut devenir si effrayante, qu'il ne permettrait plus aucune espérance de salut.

2°. Les Chambres, appelées à délibérer, n'auront d'autre question à examiner, que de savoir si c'est le cas ou non d'exercer la *prérogative*. C'est ici sur-tout qu'il faut faire la plus sérieuse attention à la position dans laquelle se trouveraient placés les pouvoirs, en admettant la supposition d'une *coopération collective*..

Le Roi est instruit qu'il y a un trouble ou simplement une appréhension de trouble. Pour pouvoir le prévenir ou le dissiper, il a besoin de prendre les mesures les plus secrettes et les plus promptes, et voilà que déjà, par la coopération des deux Chambres, il est exposé à ne pouvoir compter ni sur la discrétion, ni sur la célérité, et, par conséquent, à voir paralyser la volonté dans laquelle il était de tout faire pour le rétablissement de la tranquillité publique.

Mais ensuite, il faut qu'il prenne des mesures. Nous venons de voir que si les Chambres l'autorisent à prendre ces mesures, leur efficacité peut être compromise par l'indiscrétion ou la lenteur Mais, qu'arrivera-t-il si les Chambres refusent ?

Il est évident qu'en admettant la nécessité de de leur coopération, elles ont le droit de refuser. Voilà, d'un côté, le Monarque réduit à l'impuissance d'agir; de l'autre, le danger qui subsiste, qui nécessairement s'accroît, et le salut public compromis, de la manière la plus cruelle, par une usurpation à laquelle on ne peut pas même trouver un prétexte, à plus forte raison une excuse.

De tout ce que nous venons de dire, il résulte qu'il n'y a point de lois à porter dans le cas de trouble, mais de simples règlemens à faire; qu'au Roi seul appartient le droit de faire des règlemens; que par conséquent, non-seulement la coopération des Chambres, en pareille matière, est inutile et superflue; qu'elle est essentiellement contraire à la nature de l'objet sur lequel elle s'exercerait; qu'elle ne peut y intervenir sans le plus imminent danger, mais encore qu'elles en sont textuellement exclues; d'où je conclus:

Ou c'est une *prérogative*, et alors le Roi n'a besoin de personne pour l'exercer;

Ou c'est une *obligation indispensable*, et alors plus il appellera de personnes à y concourir, et plus il se mettra dans l'impossibilité de la remplir.

Je crois, dans tout ce que je viens de dire jusqu'ici, n'avoir rien donné à la promptitude de l'imagination. J'ai pris la Charte, que l'ordonnance du 5 septembre a consacrée, pour ainsi dire, de nouveau. J'en ai suivi les dispositions à la lettre. On ne m'accusera pas d'avoir interprété; les conséquences que j'ai tirées des dispositions mêmes de la loi, m'ont paru amenées par un raisonnement indestructible. Je n'ai point eu l'ambition de combattre d'anciennes doctrines, j'ai simplement expliqué ce qui doit résulter pour nous du bienfait de la restauration, et ce qui doit amener nécessairement l'existence d'un droit public en France.

Je ne publie mon opinion que parce que les écrivains qui pensent, à coup sûr, comme moi, qui ont le même amour et les mêmes espérances, se sont trompés sur la véritable acception des mots.

Que, dans une matière d'une aussi haute importance, les véritables acceptions doivent être convenues, ou l'on fournit matière à des interprétations que des gens mal intentionnés sont toujours prêts à saisir avec avidité; que parce qu'il est tems, et plus que tems de revenir à la sagesse, qui n'est autre chose que la raison. Peut-être m'accusera-t-on de m'être trompé, je ne le crois pas. Peut-être m'accusera-t-on d'avoir voulu créer un nouveau système; on se sera trompé, puisque je n'ai fait qu'expliquer ce qui existe, et l'appliquer à mon hypothèse.

Il est évident que, pour penser comme moi, il faudra renoncer à des idées nouvellement acquises, à des prétentions auxquelles on s'était accoutumé; mais avec de l'attention et de la bonne foi, en me jugeant avec un peu de bienveillance et sans prévention, on verra que je n'ai été guidé par aucun esprit d'innovation; que j'ai dit la vérité; que je l'ai dite avec franchise, et avec l'espérance encourageante qu'elle pourra être, dans ce moment sur-tout, de quelqu'utilité pour mes concitoyens.

J'ai communiqué mon ouvrage à plusieurs personnes recommandables, à l'approbation desquelles j'attache le plus haut prix. Plusieurs étaient déjà de mon opinion. Quelques-uns m'ont accusé d'exaspération; ils m'ont écouté, et se sont rangés à mon avis. Un autre, plus timide, a prétendu que je rassemblais tous les pouvoirs dans la personne du Roi, et que mon *système* tendait au *Despotisme*.

Je lui ai représenté, d'abord ce que je viens de dire, c'est que, dans mon ouvrage, il n'y avait point de *système*, et bientôt il a fini par en convenir. Passant ensuite à la réunion des pouvoirs dans la main du Roi et à la tendance au despotisme, voici ce que je lui ai dit.

Pour qu'il y eut despotisme, il faudrait que le

Monarque, sans règle, sans guide, sans frein, gouvernât par sa seule volonté. Qu'il pût se promettre de trouver dans son peuple, un troupeau d'esclaves abrutis et tremblans. Il faudrait qu'il nous fît oublier L'HONNEUR, notre principal caractère; qu'il fît disparaître du milieu de nous les traces de notre ancienne splendeur, les beaux monumens, enfans de notre génie, le souvenir de notre gloire, la politesse qui nous distingue, la civilisation à laquelle nous sommes parvenus. Il faudrait qu'il retranchât le nom français de la liste des peuples de l'Europe, parmi lesquels nous tenons une place si honorable; qu'il parvînt à nous ôter ce caractère aimable d'originalité, dont les autres plaisantent, et qu'ils imitent. Il faudrait qu'il nous ôtât notre climat, notre beau sol, nos immenses richesses, notre religion, nos lois, nos mœurs, notre esprit de famille, nos coutumes, nos usages, notre ame enfin, si fière, si aimante, si reconnaissante, si ambitieuse de l'avenir.

Il faudrait que lui-même, repoussant les palpitations de son cœur, oubliât que le même sang coule dans ses veines et dans les nôtres. Il faudrait qu'il renonçât au souvenir de ses ancêtres, de ces beaux modèles que les siècles nous ont apportés sur l'aile de l'amour et de la reconnaissance; qu'il renonçât à la place que la postérité lui réserve au milieu de tant de héros; qu'il oubliât ce qu'il a souffert et comme il en est dédommagé, ce qu'il a dit et comme nous l'avons admiré, ce qu'il a promis et comme nous l'aimons. Il faudrait..... Mais où me laissai-je emporter? Non, jamais le despotisme ne souillera de son souffle empesté la patrie de Henri IV, de Racine et de Massillon. Jamais un Bourbon, sur-tout le nôtre, jamais ne se dégradera au point de se réduire à l'affreuse condition d'un despote, promenant aveuglément son sceptre de plomb sur une foule sans honneur, sans énergie, sans amour. Et, quand nous ne recevrions pas une garantie contre le despotisme de la seule force de nos institutions, nous la trouverions indubitablement dans le cœur de nos princes avant d'être obligés de l'aller chercher dans notre désespoir.

Mais nos institutions nous garantissent; la loi existe. Sa seule existence fait notre sécurité. D'abord dans l'intérêt du prince qui, pour son propre repos et pour sa propre tranquillité, est personnellement intéressé, ne fût-ce que par paresse, 1°. à ne proposer que des lois justes, et par conséquent exécutables; 2°. à faire exécuter les lois pour prévenir toute espèce de troubles. Les infracteurs doivent être punis, mais ils le sont impassiblement, puisque la peine qu'ils ont encourue, résulte de la loi même qu'ils ont enfreinte, et qu'ils ont connus cette peine avant de s'y exposer.

La loi sera juste, puisque le Prince ne peut la porter que de l'avis de son *conseil nécessaire ;* que, dans le cas où elle pourrait présenter quelqu'inconvénient, ce conseil a le droit de refuser son asseutiment, et qu'alors elle ne peut exister.

Pour que l'on pût admettre la supposition de l'existence d'une loi injuste, il faudrait admettre aussi celle de la complicité des deux Chambres : complicité moralement impossible, en songeant à leur composition ; impossible de fait, à raison du grand nombre de personnes qui seraient appelées à y coopérer ; impossible, enfin, sous le rapport le plus puissant de tous, l'intérêt personnel, puisque chacun des membres qui s'en serait rendu coupable, finirait par en être la victime, comme simple individu.

Pour l'exécution des lois, il faut des ordonnances et des règlemens. Mais ils seront nécessairement justes, parce que le Prince, pour son propre repos, ne peut tirer des conséquences vicieuses d'un principe salutaire, et parce que les ministres qui les lui auraient proposés sont responsables.

La seule existence de la loi est une garantie

contre le despotisme dans l'intérêt du prince ; c'est encore une garantie dans l'intérêt du peuple.

Le peuple est averti par la loi de tout ce qu'il doit faire et de tout ce qu'il doit craindre, s'il ne le fait pas. Il sait que la loi à laquelle il doit obéir a été faite de l'avis des illustres personnages qu'il est accoutumé à respecter, et dans lesquels il place une honorable confiance, et de celui des conseillers qu'il a donné lui-même au Prince. Alors il obéit, non-seulement par nécessité, mais encore par amour, puisque la règle qu'il suit est, pour ainsi dire, son ouvrage, par l'effet de l'assentiment de ses mandataires.

De cette obéissance religieuse et unanime, découle nécessairement la tranquillité publique qui acquiert un plus grand degré de force chaque fois que l'on punit un infracteur.

Cette obéissance éloigne toute occasion d'employer des mesures extraordinaires, et, par conséquent, il ne reste aucun motif, pas même un seul prétexte, pour appréhender le despotisme, ou seulement l'arbitraire.

Il est des circonstances imprévues dans lesquelles le Monarque est obligé de déployer une autorité qui vient immédiatement de son mandat, mais qui ne résulte pas de la loi proprement dite, parce que, si l'on invoquait la loi proprement dite, en cas de trouble, elle serait nécessairement insuffisante par la solennité même des formes qu'elle a prescrites pour constater l'infractiou.

Alors, dira-t-on, le monarque peut se servir d'un pouvoir arbitraire dans le développement des moyens que son mandat même met à sa disposition, et la loi générale étant suspendue, les mesures particulières, dépendant de la volonté seule du Prince, il pourrait y avoir *Despotisme.*

D'abord, le premier besoin du Prince est le repos; ainsi, il ne se fatiguera pas lui-même sans motifs, par l'exercice d'une autorité convulsive.

2°. Puisqu'il cherche le repos, il faut qu'il donne aux mesures qu'il prend, dans ces circonstances, l'efficacité dont elles ont besoin, et alors, il ne les énervera pas par une rigueur déplacée, en leur donnant une prolongation oppressive.

3°. C'est toujours pour son propre repos qu'il a besoin d'inspirer la plus grande confiance dans les mesures extraordinaires qu'il est obligé de prendre; il ne les avilira pas par une multiplication indiscrète.

Si ces trois motifs ne le retenaient pas, il serait bientôt averti par les murmures d'un peuple fatigué, qui finiraient indubitablement par troubler sa tranquillité.

Ainsi le Prince, dans le développement de cette portion de son autorité, mettra, ne fût-ce que pour son intérêt personnel même, de la discrétion, de la modération et de la prudence.

Mais si, par un évènement qui n'est pas dans l'ordre des choses impossibles, il venait à être trompé, et que de faux renseignemens ou de fausses indications le portassent à prendre des mesures extraordinaires, sans qu'il en fût besoin, nous trouverions encore dans nos institutions une nouvelle garantie contre le despotisme, *la responsabilité des ministres.*

Pour pouvoir exercer son autorité, soit dans les cas ordinaires, où il ne s'agit que de l'administration, que de la distribution de la justice, que de faire la guerre ou la paix; soit dans les cas extraordinaires, où il s'agit d'assurer la tranquillité publique menacée, le Monarque, ne pouvant tout voir par ses propres yeux, a besoin de Ministres. Il les choisit lui-même; ils sont indépendans des Chambres; mais, comme ils peuvent tromper le Monarque, ils sont responsables, et peuvent être accusés par la Chambre des Députés, et jugés par celle des Pairs. (Art. 13 et 55.)

Ils ne peuvent être accusés que pour fait de trahison ou de concussion. (Art. 56.)

La discussion dans laquelle je vais entrer est de la plus grande difficulté. Nos voisins mêmes, qui ont eu le talent d'attirer sur leur législation un si grand prestige d'admiration, n'ont point encore de règles bien déterminées, et, quelles que soient les lois qu'ils prétendent avoir sur cette matière, les commotions politiques auxquelles leur application convulsive a donné lieu, prouvent combien elles sont défectueuses.

Pour bien s'entendre, il faudrait d'abord bien définir tous les cas auxquels on peut appliquer le mot *trahison*. Ce mot sera-t-il pris dans son sens strict, et alors le cas est heureurement extrêmement rare et difficile à constater. Si on le prend dans son sens étendu, il peut s'appliquer à une infinité de circonstances secondaires qui, nécessairement, ouvrent la porte à l'arbitraire et à des divagations extrêmement décourageantes pour les agens de l'autorité.

Il faut ensuite bien s'entendre sur la précision du crime de *concussion*. Dans sa signification ordinaire, ce mot ne s'applique qu'à l'établissement d'un impôt illégal, ou à la manière vexatoire que l'on aurait employée pour le lever, ou à la spoliation des deniers publics. Ces circonstances sont presque également impossibles dans notre législation; d'où il résulte que ce second motif d'accusation se trouverait, pour ainsi dire, nul par le fait.

Il faut ensuite bien distinguer, la culpabilité de l'*impéritie*. Par exemple, le ministre de la guerre aura livré une forteresse, il est coupable si le fait est bien constaté. Mais il est cause que la forteresse a été prise, parce qu'il ne l'aura pas fait suffisamment fortifier ou approvisionner. Est-ce *trahison* ou *impéritie ?* Assimilera-t-on l'impéritie à la trahison?

Ou bien : la forteresse, bien approvisionnée et bien fortifiée, a été prise parce que le général, chargé de la défendre et nommé par le ministre de la guerre, n'a pas su le faire. Ce choix d'un général incapable ou lâche sera-t-il regardé comme une trahison ou comme une erreur? Confondra-t-on l'erreur avec la trahison?

Il en est de même pour l'organisation, plus ou moins complette, des corps, pour la marche des troupes et leur approvisionnement, pour le plus ou le moins d'exactitude dans la solde, pour les batailles, les armistices, les capitulations, etc.

Ce que je dis pour le ministre de la guerre, doit s'appliquer naturellement au ministre de la marine.

Accusera-t-on le ministre de l'intérieur pour avoir nommé des préfets inexpérimentés ?

Accusera-t-on le ministre de la police pour avoir eu des agens infidèles, ou pour avoir dit au Roi que dans telle province il y avait des troubles qui cependant n'existaient pas, ou pour n'avoir pas dit qu'il y avait des troubles parce qu'il n'en aurait pas été instruit ?

Celui de la justice, pour avoir nommé des juges ignorans. Quant à ce ministre, il n'y aurait qu'un cas où il pourrait être considéré comme ayant trahi, ce serait celui où, sciemment et à dessein de nuire, il aurait empêché la publication de la loi.

Il me paraît impossible que le ministre des finances établisse un impôt ou augmente les tarifs. Il ne peut donc prévariquer que dans son recouvrement. Comment constater ce délit ? Comment le qualifiera-t-on ? etc.

J'avoue qu'excepté les cas de la révélation bien constatée du secret de l'Etat, ou d'une trahison ouverte, faite *immédiatement* par par le ministre, je trouve l'accusation de trahison extrêmement difficile à introduire.

Quant à l'accusation de *concussion*, à moins que l'on ne prouve l'établissement d'un impôt illégal, ou qu'un ministre a détourné à son profit les fonds de son ministère, je ne conçois guères comment on peut l'introduire, à moins que l'on puisse parvenir à donner à ce mot une signification plus étendue.

Mais quant on parviendrait à introduire l'une ou l'autre de ces accusations; que l'on aurait bien determiné le fait sur lequel elles doivent reposer; que l'on aurait bien réuni toutes les preuves qui les établissent, a-t-on considéré ce droit sous tous ces points de vue d'utilité, et a-t-on bien examiné tous les inconvéniens que son exercice pourrait entraîner.

Pour que l'accusation d'un ministre fût nécessaire, il faudrait que le Monarque, après avoir été trahi ou trompé, s'entêtât à garder le ministre prévaricateur, ce qui répugne, par le seul besoin que le Prince a de sa tranquillité. Or, il ne serait jamais tranquille tant qu'il aurait pour un de ses principaux agens, un ministre infidèle ou traître. Ainsi, l'accusation ne porterait que sur un fait passé, et auquel il aurait déjà été remédié; elle serait donc surabondante. Elle pourrait encore devenir, pour ainsi dire, impossible par le soin qu'aurait pris, à coup sûr, l'accusé de faire disparaître tous les élémens des preuves; et par l'intérêt du Prince qui, pour son propre repos, serait porté à éloigner toute idée de culpabilité à l'égard d'un agent qu'il aurait déjà révoqué, et duquel il n'aurait plus rien à craindre, ni pour lui-même, ni pour son peuple.

Si le cas est grave et constaté, le Roi aura déjà puni, dans son intérêt même, et alors l'accusation est superflue. Si le cas grave n'est pas constaté, l'accusation peut devenir inutile, et même dangereuse, par la difficulté d'acquérir les preuves. Ces preuves ne pourront jamais parvenir à la Chambre des Députés, que par le fait des ministres intéressés eux-mêmes à éloigner les moyens d'établir la culpabilité d'un de leurs collègues, par ce sentiment, bien pardonnable, qui doit leur faire redouter de se trouver un jour soumis eux-mêmes à une aussi terrible épreuve.

C'est à toutes ces difficultés qu'il faut parer dans la loi à faire sur la responsablilité des ministres, et il est aisé de voir que rien n'est moins facile que de les résoudre.

Mais, supposons que la loi existe ; voyons maintenant tous les inconvéniens qui peuvent résulter de son application ; et, peut-être, après les avoir fait apercevoir, sera-t-on forcé de convenir de l'embarras où l'on est, qund il faut se déterminer en pareille matière.

Le Roi choisit ses ministres. Il les choisit de manière à inspirer à son peuple le plus de confiance qu'il est possible dans son administration, et de manière à pouvoir se reposer, lui-même, sur eux des détails d'une tâche aussi compliquée.

Ainsi les ministres ont besoin de la confiance du Prince, mais ils n'ont pas besoin, proprement dit, de la confiance de la Nation. Les ministres sont indépendans des deux Chambres, seulement dans le cas où ils auraient trahi, ou se seraient rendus coupables de concussion; ils sont soumis à l'accusation de la Chambre des Députés, et justiciables de celle des Pairs.

Cette attribution était nécessaire, parce que le Monarque, offensé par la prévarication du ministre, ne pouvant poursuivre personnellement, ne pouvant juger dans sa propre cause, a dû, dans une matière d'une aussi haute importance, choisir des accusateurs prêts à venger tout à-la-fois ses intérêts, et ceux du peuple, et des juges qui pussent prononcer dans le calme d'une rigoureuse et solennelle impartialité.

Pour que le Roi puisse trouver des personnes dignes de sa confiance, et qui veuillent bien se charger du pesant fardeau du ministère, il faut que ces fonctions difficiles soient environnées de considération, car l'honneur seul peut dédommager de toute la peine qui y est attachée.

Il faut qu'on leur laisse quelque latitude, parce que les ministres ne pouvant pas tout voir par eux-mêmes, il est naturel et juste de passer quelque chose à une erreur involontaire, et qui ne serait pas de leur fait. Il faut les traiter avec libéralité (je n'entends pas par ce mot, ce qui peut avoir rapport au traitement, le Roi seul a le droit de le fixer), parce que, dans une aussi vaste carrière, on doit tout donner à l'ensemble, abstraction faite des détails, dans lesquels les Chambres n'ont ni le droit, ni le tems d'entrer.

Ainsi, et j'espère que l'on ne contestera pas cette manière d'envisager la chose, il est évident qu'une accusation ne peut être introduite qu'avec la plus grande réserve, qu'après un examen préalable bien approfondi, qu'avec la plus scrupuleuse discrétion; que l'on doit préciser le fait avec l'exactitude la plus attentive; que l'on ne doit admettre de preuves, qu'autant qu'elles sont directement *essentielles* pour la vérification du délit.

Qu'après avoir constaté le délit, il faut établir la culpabilité, et par conséquent distinguer, dans le sangfroid de l'impartialité la plus exacte, les nuances qui peuvent caractériser la *trahison*, la *concussion*, ou l'*impéritie* et l'*erreur*.

avait le double effet d'attirer la défaveur et sur le Monarque qui avait choisi, et sur le serviteur fidèle qui avait accepté.

Ainsi la monarchie était avilie dans la personne du Roi; elle était affaiblie par l'impossibilité où on le réduisait de donner à son administration une marche ferme et stable, puisqu'il était, à chaque instant, obligé de changer de ministres; mais encore elle était entièrement paralysée, puisque le Roi fut, à la fin, obligé de choisir parmi des individus ignorés, dans lesquels il ne pouvait placer la moindre confiance, et de l'administration desquels on ne pouvait attendre aucun résultat tranquillisant.

Je les nommerais, si quelques-uns d'entr'eux n'étaient encore vivans, et s'il ne me parassait pas trop cruel de les accuser des malheurs que leur administration a pu causer; j'aime mieux les imputer à l'impéritie qu'à la trahison.

Le principe de la responsabilité des ministres doit être sacré. D'abord parce qu'il dérive immédiatement de l'équité, ensuite qu'il est une disposition textuelle de la Charte; mais il ne faut l'appliquer qu'avec la plus grande circonspection; et, pour pouvoir suivre dans une occasion aussi importante une règle sûre, je regarde comme un des premiers objets, dont les Chambres devront s'occuper, si le Roi ne leur en faisait pas la proposition formelle, la composition d'un mémoire par lequel elles supplieraient le Roi de présenter une loi qui déterminât bien précisément les cas et la manière où les ministres pourront être mis en accusation.

Il n'y a point de représentation nationale.

Il n'y a point de Représentans, mais de simples Députés des départemens.

Les Chambres n'ont aucun pouvoir, proprement dit ; elles n'ont d'autres fonctions que de donner leur avis sur les propositions du Roi, ou de supplier le Roi de faire des propositions. Elles sont le conseil nécessaire du Prince, et ne diffèrent des autres conseils qu'en ce que, dans le cas où elles rejetteraient la proposition qui leur aurait été faite, le Roi s'est ôté la faculté de passer outre. C'est dans ce sens seulement que s'explique le mot *collectivement*, qui se trouve à l'art. 15 de la Charte.

Le pouvoir législatif réside essentiellement dans la personne du Roi qui *propose*, *sanctionne* et *promulgue*.

Les Chambres n'ont pas le droit d'initiative qui appartient *essentiellement* au Roi.

Le Roi, par la seule force de son mandat, a le droit, et, par la Charte, il est chargé de prendre les mesures extraordinaires en cas de troubles. Ce n'est point une *prérogative*, mais un *devoir*; le Roi n'est obligé de consulter personne pour le remplir.

Enfin la garantie contre le *despotisme* se trouve dans l'existence seule de la loi et pour l'intérêt du Prince, et pour l'intérêt du Peuple ; et lorsque le Roi est obligé d'user de son pouvoir, en cas de troubles, dans la responsabilité des ministres.

Pour que cette responsabilité atteigne son véritable but, et ne pas s'exposer au danger d'une accusation indiscrète, inutile, superflue ou dangereuse, il est nécessaire de faire une loi qui précise les délits sur lesquels cette accusation devrait porter, et le mode à employer pour la suivre.

En revenant, comme je crois qu'il est indispensable de le faire, à ces principes sacrés et incontestables, nous verrons l'édifice dont nous devons la reconstruction à la bienfaisance et à la sagesse de notre Père, s'établir sur des fondemens inébranlables, s'accroître tous les jours et se perfectionner enfin.

Le Monarque jouira d'un bonheur que rien ne pourra altérer, parce que son peuple, heureux à l'abri des lois protectrices, n'aura rien de plus précieux à faire que de contribuer, par son obéissance, son dévouement et son amour à la gloire et à la stabilité du trône.

Le peuple sera heureux, parce qu'il aura une administration sage, qu'il sera sûr d'obtenir la justice, qu'il n'obéira pour ainsi dire qu'à sa propre volonté, qu'il aura la garantie de la perpétuité de sa gloire dont il aura rendu le Monarque dépositaire, qu'il ne payera que les impôts qu'il aura consentis, qu'il verra réprimer à l'instant les mouvemens qui pourraient être excités par des perturbateurs, sous quelque couleur qu'ils se présentent; et, qu'au milieu d'une jouissance aussi paisible, et qui ouvrira un champ si fertile à ses espérances, il aura recouvré une véritable *indépendance*, la seule à laquelle il ait le *droit* et le *besoin* de prétendre.

Cet écrit va paraître au moment des élections, je désirerais que chacun de ceux qui sont appelés à y concourir pussent se pénétrer de la vérité des principes qui y sont développés, et des faciles conséquences qui en découlent.

Je voudrais que, dans un moment aussi important, chacun sentît la nécessité de ne donner sa confiance qu'à des hommes éclairés et prudens, qui connussent bien tout à la fois le véritable intérêt du Monarque et celui du peuple; qui sentissent à quel point ces intérêts sont inséparables; qui fussent bien décidés à faire abjuration de toute prétention étrangère à l'objet implicite de leur mandat; et qui se pénétrassent bien de l'esprit et de la lettre de notre loi fondamentale, qui est comme la branche tutélaire que la Providence nous a envoyée au milieu de la bourasque, par laquelle nous étions tourmentés.

Aujourd'hui ces choix sont faciles à faire; toutes les passions ont été mises en jeu depuis plusieurs années, et peut-être avons-nous à cet égard une véritable obligation à l'occupation de l'usurpateur, et à la dernière session de la Chambre des Députés. D'un côté, nous avons pu reconnaître ceux qui, sous le masque trompeur d'une feinte obéissance, avaient pourtant conservé de coupables espérances; de l'autre, nous avons vu la subversion de tous les principes, l'exaspération la plus fougueuse de l'orgueil, et le développement des prétentions les plus alarmantes.

C'est entre ces deux écueils qu'il est question de marcher en cet instant; notre route est tracée par l'expérience, et nous pourrons facilement les éviter l'un et l'autre, si nous ne plaçons notre confiance que dans des hommes qui ajoutent à toutes les qualités nécessaires pour remplir dignement une aussi haute mission, un inviolable attachement à la Charte constitutionnelle et au Monarque qui nous l'a donnée.

FIN.

www.ingramcontent.com/pod-product-compliance
Lightning Source LLC
LaVergne TN
LVHW020437230826
846091LV00004B/1529
9782011753373